Yuliia Halynska

Alianças de colaboração na gestão do ambiente

Yuliia Halynska

Alianças de colaboração na gestão do ambiente

ScienciaScripts

Imprint

Any brand names and product names mentioned in this book are subject to trademark, brand or patent protection and are trademarks or registered trademarks of their respective holders. The use of brand names, product names, common names, trade names, product descriptions etc. even without a particular marking in this work is in no way to be construed to mean that such names may be regarded as unrestricted in respect of trademark and brand protection legislation and could thus be used by anyone.

Cover image: www.ingimage.com

This book is a translation from the original published under ISBN 978-620-2-07892-4.

Publisher:
Sciencia Scripts
is a trademark of
Dodo Books Indian Ocean Ltd. and OmniScriptum S.R.L publishing group

120 High Road, East Finchley, London, N2 9ED, United Kingdom
Str. Armeneasca 28/1, office 1, Chisinau MD-2012, Republic of Moldova, Europe
Printed at: see last page
ISBN: 978-620-8-01455-1

ÍNDICE DE CONTEÚDOS:

VISÃO ESTRATÉGICA DA POLÍTICA DE ALUGUER OU ALIANÇAS DE COLABORAÇÃO NA GESTÃO AMBIENTAL

Neste artigo, tentámos, de forma muito simples, refletir sobre as coisas complexas que fazem parte da nossa vida quotidiana e do bem-estar das nossas famílias. Tentámos também analisar a forma como a política interna dos países com recursos naturais, mas sem o apoio de outros países do mundo, pode mudar. Tentámos responder à questão de saber como poderíamos influenciar a economia dos nossos países, tomando uma decisão sobre a atribuição de rendimentos provenientes da extração de recursos naturais e salvando as extraordinárias dádivas da natureza para as gerações futuras, porque a vida não acabará amanhã....

INTRODUÇÃO

As tendências da economia moderna obrigam-nos, enquanto utilizadores dos dons da natureza, a desenvolver e aplicar métodos que ajudem não só a otimizar a utilização dos recursos naturais, mas também a preservar pelo menos uma parte dos recursos esgotados para as gerações futuras.

Os recursos naturais exaustivos, como o petróleo, o carvão e o gás, têm sido, desde há muito, a base do sistema económico, do bem-estar e são a chave para a gestão dos processos políticos e empresariais em diferentes países do mundo. Os países que não têm a "sorte" de dispor de recursos de importância nacional, como o gás, o petróleo, o carvão e outros, são obrigados a inventar fontes alternativas de energia ou a depender de outros países "sortudos", que dispõem desses recursos em quantidades suficientes. No entanto, como mostra a experiência de diferentes países, não basta dispor de recursos naturais no território de um país, é muito importante construir um sistema que permita uma gestão eficaz e uma utilização racional desses recursos. Nos países de "desenvolvimento rápido" que cresceram nos últimos 50-60 anos devido à descoberta de reservas de petróleo e de gás com uma frequência cada vez maior, colocam-se as seguintes questões: o que acontecerá quando os recursos naturais acabarem? A que custo para sustentar a economia do país?

Lee Kuan Yew expressou a opinião no seu livro "Do Terceiro Mundo ao Primeiro" de que os recursos naturais não eram o fator principal na criação de uma economia eficaz do país, mas sim os recursos humanos. É o talento, a educação, a capacidade de gerir e tomar decisões eficazes que podem constituir o recurso mais valioso do país [1]. É difícil discordar desta tese. No entanto, quando hoje existem cerca de 8 mil milhões de pessoas na Terra, precisamos de cada vez mais recursos para manter as nossas necessidades cada vez maiores, e então surge a questão: Porque é que nós, sendo tão inteligentes, tecnicamente avançados e modernos, não podemos direcionar todo este progresso para a preservação dos recursos naturais?

Vemos duas respostas: em primeiro lugar, o progresso científico e tecnológico está orientado para a utilização excessiva dos recursos naturais e contradiz o próprio conceito de "preservação dos recursos naturais" e, em segundo lugar, o lobbying levado a cabo pelas empresas transnacionais na procura de rendas não permite que os países do terceiro mundo, como a Moldávia, a Ucrânia, a Bielorrússia, o Azerbaijão e outros, recebam um rendimento adequado dos seus recursos e orientem as rendas dos recursos naturais para o enriquecimento da sua própria economia. É claro que compreendemos que se trata de um círculo sem fim, enquanto a política interna dos países contribuirá para uma situação em que a extração de recursos será ilimitada, e o lucro excedente sob a forma de rendas será recebido por todos menos pelo proprietário (isto é, as pessoas na Ucrânia). Assim, a política de preservação e utilização racional dos recursos é quase impossível. No entanto, há que começar por alguma coisa.

Neste documento, propomos considerar uma "nova visão" da política de rendas no exemplo da Ucrânia, face à pressão global do mercado mundial de recursos naturais e às difíceis condições da situação económica e política do país. Naturalmente, a política ecológica e económica é desenvolvida e implementada por cada país separadamente. Desde 1992, tem havido tentativas de estabelecer regras ambientais uniformes para todos os países do mundo e colocá-las na Constituição Ecológica da Terra [2]. Este projeto foi aprovado em primeira leitura na reunião da ONU, no entanto, o interesse económico foi mais forte do que o interesse ecológico dos países membros. Por conseguinte, o projeto da ECE não foi além da primeira leitura.

Na nossa opinião, isto sugere que é necessário fazer um "trabalho preparatório" dentro dos países baseados em recursos e desenvolver estratégias que unam os interesses de todos os participantes na extração e consumo de recursos naturais. Só a confiança interna de cada país na preservação e na produção e utilização racionais dos seus recursos naturais será capaz de gerar respeito por parte dos outros países e de implementar a oportunidade de utilizar de forma independente os seus lucros excedentários no desenvolvimento económico, ecológico e social do país. No entanto, a visão de novas oportunidades para mudar as relações socioeconómicas na gestão ambiental é sempre uma transformação do sistema antigo. Por vezes, isto é quase impossível e, por vezes, os alicerces do antigo sistema podem ser utilizados como base para novas relações na sociedade e no país como um todo.

CAPÍTULO 1

1. Porque é que precisamos de transformar as relações de renda na indústria extractiva?

O presente documento centrar-se-á nos países do terceiro mundo, incluindo a Ucrânia, que possuem reservas nacionais de recursos (petróleo, gás), mas estas reservas não são suficientes para ditar as condições do mercado mundial.

Há muitos anos que estudamos o tema da formação, retirada e afetação da renda dos recursos naturais. Os fundamentos já lançados por Adam Smith e Carl Marx, e por Hoffmann, Khvesik, Mishchenko et al. no século XX, em relação ao rendimento adicional na extração de recursos naturais, continuam a ser utilizados como base para a formação e retirada do rendimento da renda na gestão ambiental. Com o fim das relações económicas na União Soviética, países como a Bielorrússia, a Moldávia e a Ucrânia continuam a utilizar os seus recursos como infinitos e públicos. Até meados do século XX, todos os recursos naturais eram considerados inesgotáveis, e só a partir de meados dos anos 60 é que os recursos naturais começaram a ser diferenciados em exauríveis (aqueles que se recuperam com o tempo, e inesgotáveis, que não são recuperados, ou a sua restauração necessita de muitos anos). No entanto, as necessidades crescentes da sociedade em combinação com a economia instável dos países do terceiro mundo, bem como a pressão das empresas multinacionais devido aos investimentos nas economias dos países, obrigam a realizar a extração de recursos naturais sem fim. Os interesses da sociedade e a crescente tensão no ambiente externo também não são tidos em conta. E o facto mais importante é que não existe uma política de poupança dos recursos naturais para as gerações futuras. Parece que os recursos naturais estão esgotados, o que não é o caso. Mesmo os recursos naturais recuperados (floresta, recursos hídricos, terra) não têm tempo de recuperação devido à sua utilização excessiva atualmente. Uma catástrofe ecológica é o futuro próximo dos países do terceiro mundo, a menos que se regule a extração dos recursos naturais e não se implemente uma política de recuperação dos territórios após a extração.

Para mudar a atitude em relação aos recursos naturais, é necessário transformar as relações socioeconómicas existentes. Por exemplo, na Bielorrússia e na Ucrânia não existe propriedade privada dos recursos naturais, existindo apenas relações de aluguer que são reguladas pela legislação de cada país. Ou seja, todos os recursos, especialmente o petróleo, o gás e o carvão, são propriedade da população do país, que é administrada pelo Estado como representante do povo. No entanto, a empresa de extração extrai, ou seja, gera uma renda de recursos naturais, e depois transfere o rendimento da renda para o orçamento do país sob a forma de pagamento de rendas. Por conseguinte, há duas partes envolvidas nas relações sociais e económicas: o pagador - a empresa extractiva - e o destinatário - o Estado. O Estado tem o direito de dispor dos rendimentos das rendas no interesse do país e de distribuir uma parte dos rendimentos das rendas sob a forma de subvenções entre as regiões. Mas, como mostra a prática, uma parte mínima das rendas é distribuída às regiões e o restante das rendas provenientes da extração de recursos naturais é dissolvido nas receitas gerais do orçamento. Ou seja, as regiões não vêem o rendimento real das rendas ser retirado, o que cria problemas adicionais a nível social. Neste contexto, alguns países lançaram uma política de descentralização. Isto dá esperança de que as comunidades locais possam decidir sobre a extração de recursos naturais no seu território e dispor de uma parte do rendimento das rendas no interesse da sua comunidade. No entanto, as entrevistas dos líderes comunitários locais e do público mostram que estes não têm qualquer ideia de como afetar eficazmente o dinheiro dos recursos às necessidades da região.

As empresas extractivas que essencialmente trazem os recursos naturais à superfície ou formam rendimentos de aluguer, se falarmos de recursos minerais, também recebem o rendimento de aluguer sob a forma de renda diferencial do segundo tipo, ou seja, o rendimento do capital adicional investido pelo empresário por unidade de produção. A renda diferencial de segunda espécie é considerada quer como o rendimento de aluguer do empresário, quer como o lucro do empresário em diferentes países do mundo. Mas, em qualquer dos casos, este rendimento continua a pertencer ao empresário e isso é o mais importante.

As empresas extractivas modernas da Ucrânia deduzem montantes bastante substanciais de rendimentos sob a forma de rendas. De acordo com a legislação daUcrânia, a taxa de aluguer para a extração de petróleo, cuja profundidade de depósito era de até 5 000 m, ascendia a 70% do volume de extração, com data de 1 de julho de 2015 (n.º 252.20 do artigo 252.º do Código), e ascendia a 45,0% para os poços até 5 000 metros em 2016, e a 29% - com data de 1 de janeiro de 2017 (pela Lei daUcrânia n.º 1621-VII de 31 de julho de 2014) [3]-

No entanto, o problema de não ter em conta a renda dinâmica no desenvolvimento de novas jazidas mantém-se. Tudo isto nos leva a pensar na formação de um novo sistema de relações no que diz respeito à extração e atribuição de rendas na indústria de produção de combustíveis. Ou seja, a transformação das relações de renda é o primeiro passo para a criação de novas relações socioeconómicas do país. Acreditamos que a transformação do pensamento da sociedade do país sobre a política de aluguer e a criação de uma "nova visão" no domínio da gestão ambiental podem criar a base para o respeito mútuo dos membros da sociedade entre si e com o ambiente externo.

CAPÍTULO 2

2. Coordenação dos interesses sociais, económicos e ecológicos da sociedade em relação à atribuição de rendimentos provenientes da extração de recursos naturais.

A herança dos tempos pós-soviéticos, sob a forma de uma economia transitiva, levou à introdução de reformas económicas e políticas e à adaptação das formas existentes de cooperação das entidades empresariais às condições específicas. As reformas da economia ucraniana visavam a criação de um novo mecanismo de coordenação da atividade económica. O seu resultado foi a formação das principais instituições formais do sistema de mercado. No entanto, a prática da reforma não teve em conta o facto de que a mudança das instituições formais só poderia formar as condições externas para alterar o comportamento dos agentes económicos de acordo com os critérios de eficiência do mercado [4]. A evolução real da transformação do mercado foi observada em função da forma como as novas instituições eram encaradas como o principal elo das transformações do mercado - a empresa. A empresa (empresa pós-soviética) numa economia transitiva, por um lado, é o objeto das transformações do mercado, por outro lado - um sujeito ativo do processo de transformação. Seleciona instituições formais, algumas das quais não passam no teste da prática, bem como desenvolve as suas próprias normas de relações com outros agentes económicos [5]. Alguns autores observam que o conteúdo de tais normas e os mecanismos de coerção para a sua implementação se tornaram a fonte de muitos problemas da economia de transição, que estão relacionados com o desenvolvimento de laços informais entre as entidades económicas. Como resultado, hoje as principais instituições formais do sistema de mercado estão praticamente formadas. Mas, em grande parte, não correspondem às regras das relações informais formadas entre as empresas, cujo processo de reforma ainda está a ser desenvolvido e influencia significativamente o curso da transformação futura. É necessário afetar separadamente as empresas que se dedicam às actividades extractivas. Estas não podem responder com suficiente rapidez às novas relações com outros agentes económicos e introduzir novos mecanismos de coordenação.

A destruição do antigo mecanismo de coordenação formal baseado na afetação centralizada de recursos foi corrigida tanto pelas interligações entre as empresas formadas no quadro do antigo sistema económico como pelos novos laços informais que forneciam às empresas os recursos económicos necessários à produção. Isto levou à implantação de um mecanismo de rede específico para a coordenação das actividades económicas e à formação de redes interempresariais, ou seja, um conjunto de laços formais e informais reproduzidos regularmente, os métodos de interação entre as empresas que mantiveram a sua independência jurídica e económica [6]. Ao mesmo tempo, o funcionamento dessas redes cria um problema de afetação eficaz dos recursos e torna-se um dos obstáculos importantes à transformação do mercado da economia ucraniana.

Na nossa opinião, deve ser dada especial atenção ao estudo dos problemas da formação da interação entre empresas e da participação das estruturas estatais a nível regional e local. Alguns aspectos desta interação estão reflectidos nos estudos de S. Peregudov, N. Lapina, A. Chirikov, I. Semenenko et al. Um problema particular é a emergência e a consolidação das práticas de interação entre diferentes grupos empresariais e as autoridades, que têm uma natureza de rede e dependem das especificidades do modelo institucional regional, a nível local.

No final do século XX, houve mudanças estruturais significativas no sector dos combustíveis e da energia que levaram a alterações nas estruturas organizacionais, no quadro institucional existente e na metodologia de regulação estatal, não só no sector da energia, mas também nas áreas dos monopólios naturais em geral. Este processo foi influenciado pela globalização e pela liberalização do comércio mundial de energia e de recursos naturais em geral. A afetação desigual de recursos levou ao crescimento do comércio internacional de recursos energéticos, ao aumento da concorrência nos mercados globais (petróleo) e regionais (gás natural, carvão), bem como às correspondentes alterações na base estrutural e institucional dos mercados energéticos.

As necessidades sociais da sociedade, que visam a interação entre as empresas e o governo, estão cada vez mais na ordem do dia. A prosperidade do país e a competitividade do Estado dependem diretamente da escala da responsabilidade social das empresas, cujo sistema deve ser criado com base na interação entre as empresas e o governo e deve ser testado na prática [7].

Uma das principais direcções que não só contribui para o crescimento económico do país, mas também para a realização de tarefas estratégicas e tácticas de desenvolvimento dos sistemas sociais e económicos de diferentes níveis hierárquicos, é a coordenação dos interesses do Estado, da sociedade e das empresas como principais instituições de uma economia de mercado. Nas condições de uma economia de mercado moderna, a tríade "Estado - sociedade - empresas em diferentes esferas" é cada vez mais considerada como um mecanismo eficaz de interação de diferentes estruturas.

As empresas são um dos principais factores de desenvolvimento do país. O seu funcionamento eficaz depende de muitas condições, que incluem as principais formas e métodos de interação com o Estado. O Estado estabelece as regras de funcionamento da economia de mercado, define o nível de liberdade e independência dos participantes no processo empresarial, bem como as formas e métodos de participação do Estado na resolução de eventuais conflitos [8].

Ao regular, limitar os interesses dos participantes empresariais e incentivar a cooperação efectiva, o Estado cumpre assim uma das suas principais funções e responsabilidades - harmonizar os interesses de todas as comunidades para alcançar objectivos comuns (Berzhanir, 2015). No entanto, uma interferência excessiva do Estado nos assuntos empresariais afecta negativamente os interesses da sociedade. Regra geral, a resposta das empresas à interferência ilegal do Estado na esfera da atividade económica é o declínio da atividade empresarial, o aumento do negócio paralelo e a retirada de capitais para o estrangeiro, o que leva a uma quebra no desenvolvimento económico.

Assim, a coordenação de interesses e a unificação de esforços de todos os participantes da aliança (Estado - sociedade - empresa, empresa - empresa, Estado - empresa, etc.) são necessárias para a realização de objectivos comuns: beneficiar da utilização abrangente dos mecanismos de bens públicos e de redistribuição de riscos, formar uma política de preços leal para os recursos, bens e aumentar o bem-estar dos cidadãos do país. A este respeito, as regras empresariais modernas são cada vez mais forçadas a procurar novas formas de cooperação, em que a unificação de esforços para atingir um determinado objetivo se torna não só produtiva, competitiva, rentável, na moda, mas também uma forma eficaz de cooperação.

Em 2015, começámos a estudar a possibilidade de estabelecer alianças de colaboração no sistema "estado - região - empresa" sobre a atribuição de rendimentos de aluguer. Os nossos estudos mostram que o conceito de interação entre empresas é gradualmente transformado em relações de colaboração nas condições da economia de transição. A "colaboração" no mundo moderno é talvez uma das formas mais populares de cooperação. Muitas vezes, ao combinarem os seus interesses com o objetivo de criar um produto ou serviço inovador, as empresas obtêm lucros excessivos e criam uma imagem positiva das suas empresas. No entanto, existem exemplos opostos em que as empresas individuais de sucesso combinam as suas tecnologias, conhecimentos e objectivos, e enfrentam os problemas da concorrência e do empréstimo de ideias umas às outras. Por conseguinte, na nossa opinião, é importante identificar os principais factores da cooperação entre agentes que promovem o sucesso em termos de colaboração.

Em 1992, Mattessich e Monsey analisaram 18 estudos efectuados entre 1975 e 1991 para responder à questão: Que factores influenciam o êxito da cooperação? Em geral, encontraram 19 factores e dividiram-nos em seis grupos: ambiente, participantes, processo/estrutura, comunicação, objetivo e recurso. Neste caso, Mattessich e Monsey especificam o fator principal, que são as "relações informais que existem sem qualquer missão, estrutura ou planeamento de esforços específicos". Schrege (1995) determinou a cooperação no contexto da criação de valor, como um "processo de colaboração: por duas ou mais pessoas com competências complementares que interagem com o objetivo de criar um produto inovador. Ao mesmo tempo, Schrege (1995) identificou a cooperação no contexto da criação de valor como "o processo de criação conjunta por dois ou mais indivíduos com competências complementares que interagem com o objetivo de criar um produto inovador". Assim, nomeou 13 indicadores que influenciam a cooperação: competência; propósito geral; respeito mútuo; tolerância e confiança; criação e manipulação de um espaço comum; múltiplas formas do seu papel na equipa; comunicação contínua, mas não constante; ambiente formal e informal; delineação clara de responsabilidade sem fronteiras; as decisões devem ser tomadas com base no consenso; a presença física não é obrigatória; utilização eleitoral dos meios externos para ideias e informações adicionais, bem como o fator humano. Schrege provou que o fator mais importante na cooperação colaborativa é um "recurso humano". Shelboum (2007) e Kanter (1994) também constataram que o fator humano era uma componente fundamental da cooperação, mais do que a tecnologia. Obviamente, concordamos com esta tese, de acordo com a importância do fator humano no funcionamento das alianças de colaboração, mas há uma série de factores que influenciam a colaboração a nível horizontal no domínio da gestão ambiental. Já observámos que alguns recursos naturais são exaustivos e que a renda natural é formada na sua extração, que é o património de toda a população do país. É esta categoria de renda que pode dificultar a formação de quaisquer alianças neste domínio e provocar o esgotamento dos recursos naturais nas regiões. Por outro lado, é esta categoria de rendimentos de aluguer que pode contribuir para a criação de alianças estratégicas para a sua redistribuição e para a criação de uma responsabilidade social pela extração dos recursos naturais.

Por responsabilidade social entende-se a coordenação dos interesses das empresas extractivas, das comunidades locais e do Estado no que respeita à redistribuição do rendimento das rendas no sistema "Estado - empresa - região".

A unificação de interesses, recursos, conhecimentos e competências para criar um efeito social positivo é uma questão clara e necessária. Além disso, o efeito positivo da colaboração pode ser aplicável tanto às empresas extractivas como às regiões de extração, através da criação de programas sociais, bem como do financiamento adicional para a restauração do potencial ecológico e económico das regiões após a extração de recursos naturais.

Os autores estrangeiros e nacionais destacam os seguintes benefícios da cooperação em colaboração [14-18]:

• A interação colaborativa tem um potencial de adaptação às mudanças externas através da acumulação de recursos que são específicos neste ambiente competitivo. Existem oportunidades para maximizar o lucro atual da empresa ou reforçar a sua posição no mercado a longo prazo. O stock de recursos "estratégicos" semelhantes (capital humano, informação, etc.) que permitem à empresa reagir de forma flexível às mudanças externas, bem como o mecanismo da sua formação e mobilização, representam os potenciais adaptativos de uma organização económica;

• As alianças de colaboração podem ocorrer tanto numa base formal, combinando os recursos de gestão dos gestores de topo das empresas, como numa base informal, estabelecendo relações sociais entre os gestores de topo, que são responsáveis pelo fornecimento de material e técnico, etc., permitindo às empresas resolver os problemas económicos, organizacionais e outros;

- como resultado da entrada de empresas numa variedade de relações de colaboração, ocorre um efeito sinérgico e uma forma especial de capital é formada na sua base. Estas oportunidades abrem-se tanto em resultado da obtenção de acesso mútuo aos recursos dos participantes na colaboração, como em resultado da criação de reservas adicionais de recursos económicos devido à interação (aliança comercial, financiamento de risco, etc.). Assim, a organização das transacções no âmbito das interações de colaboração permite que a empresa aumente o seu potencial de adaptação, aumentando as possibilidades de mobilizar os recursos de outros participantes de colaboração nas condições de mudanças no ambiente e efeitos cumulativos, bem como cria uma base para a implementação da política socialmente orientada e o desenvolvimento da infraestrutura social nas regiões.

Analisámos também outras formas de cooperação e as formas de interação das entidades económicas neste trabalho (Quadro 1).

Tipos e formas de interação das entidades económicas

Quadro 1

Tipo de cooperação	Forma de interação
1	2
Relações hierárquicas	Uma empresa assume o controlo total dos activos de outra e coordena as acções do mecanismo dos direitos de propriedade através de uma aquisição ou fusão
Empresas comuns	Duas ou mais empresas criam uma propriedade conjunta de uma organização jurídica
Património	A maioria ou minoria das acções da empresa-mãe de uma empresa através da compra direta de acções de outra empresa
Cooperativas	Coalizões de pequenas empresas, que combinam, coordenam e gerem os seus recursos colectivos
Acordos estratégicos conjuntos	Rede de empresas contratuais baseada na gestão estratégica conjunta, em que os parceiros cooperam nas principais decisões estratégicas e distribuem a responsabilidade pelo desempenho do trabalho
Consórcios	Os acordos interempresariais de investigação e desenvolvimento e de cooperação são, regra geral, celebrados em domínios tecnológicos em rápida evolução
Cartelas	As grandes empresas estão a conspirar para restringir a concorrência, efetuar um controlo cooperativo da produção e/ou dos preços num determinado sector
Franchising	O franchisador fornece ao franchisado a utilização da identidade da marca dentro da área geográfica, mas mantém o controlo sobre os preços, o marketing e as normas dos serviços normalizados.
Licenciamento	Uma empresa concede a outra o direito de utilizar tecnologias ou processos de produção patenteados em troca de royalties e taxas de subcontratação
Grupos de normas industriais	Os comités que procuram concluir acordos de organizações membros sobre a adoção de normas técnicas para a produção e o comércio
Conjuntos de acções	As coligações organizacionais de curta duração são coordenadas pelos seus membros, que exercem pressão para que as políticas públicas tenham impacto
Mercado de relações	Os acordos entre organizações são coordenados apenas através do mecanismo de preços em condições de concorrência

A análise mostrou que quase todas as formas de cooperação existentes exigem a formalização das relações sob a forma de contratos ou acordos. Isto complica o processo de harmonização dos termos e condições da cooperação, uma vez que cada parte assegura os seus riscos e indica as alavancas económicas da gestão de conflitos.

No nosso estudo, gostaríamos de encontrar uma forma que não complique o trabalho das entidades empresariais, não contradiga a legislação atual e implique um interesse de cada parte membro na cooperação.

Por conseguinte, propusemo-nos considerar uma "aliança de colaboração na gestão ambiental" neste documento, que corresponderia à natureza e à forma da colaboração, bem como teria as caraterísticas específicas inerentes ao domínio da gestão ambiental.

A aliança de colaboração na gestão ambiental significa a coordenação de interesses e a interação dos participantes na aliança a nível vertical (Estado - comunidade territorial - empresa) e a nível horizontal (empresa - empresa) nos processos de criação de valor acrescentado e da sua componente - a renda dos recursos naturais, que assegura a aplicação dos princípios de responsabilidade social das empresas extractivas em condições de transparência das suas actividades e de confiança mútua.

A adequação desta forma de cooperação é considerada necessária por nós, uma vez que nenhuma empresa pode ter todas as competências organizacionais e conhecimentos de que necessita dentro das suas fronteiras empresariais na economia atual. Não se pode esperar a preservação da superioridade intelectual apenas através das suas próprias forças. As parcerias e alianças permitem combinar os recursos disponíveis dentro da empresa com os recursos existentes fora dela. Naturalmente, é necessário ter em conta as caraterísticas de interação das empresas em cada área específica. Na indústria do petróleo e do gás, a renda dos recursos naturais desempenha um papel especial, constituindo um lucro suplementar quando se utilizam os recursos naturais, no domínio da gestão ambiental, que já considerámos. Surge devido ao capital em funcionamento, que utiliza o poder produtivo da natureza, ou seja, os recursos naturais rentáveis, cuja quantidade é estritamente limitada. E, finalmente, este rendimento adicional é pago ao proprietário do recurso como pagamento de aluguer ou renda. É este valor acrescentado que constitui a principal questão quando se criam as alianças de colaboração na indústria extractiva. A experiência dos anos anteriores mostra que o pagamento forçado de 100% do rendimento de aluguer ao Estado não contribui para o desenvolvimento das regiões onde se realiza a extração de recursos naturais e que sofrem a principal carga ecológica e económica. Nas condições actuais, as empresas extractivas não são rentáveis para apresentar rendimentos mais elevados, uma vez que o pagamento de uma renda é deduzido numa correlação percentual. Consequentemente, é necessário criar um mecanismo de redistribuição das rendas, que seria interessante para todos os participantes na criação de rendas dos recursos naturais na Ucrânia e em alguns países da Europa Oriental (Bielorrússia, Geórgia, Moldávia, etc.). Os principais participantes são as empresas que extraem os recursos naturais e o Estado, que deveria receber as rendas e redistribuí-las pelas necessidades das regiões. Mas, na realidade, o rendimento das rendas retirado é diluído nas receitas gerais do Estado e não chega às regiões para o seu apoio e desenvolvimento. Assim, é necessário criar um mecanismo ou sistema em que os interesses de todas as partes possam ser conciliados, tanto a nível vertical (Estado - empresa) como horizontal (empresa - empresa). Neste sentido, a colaboração como mecanismo de coordenação de interesses parece-nos ser o mais adequado tendo em conta as caraterísticas das empresas em estudo. A criação de alianças colaborativas permitirá não só delinear os interesses de regiões específicas, mas também formalizar as relações de cooperação entre as empresas, elevando-as a um patamar superior de funcionamento.

CAPÍTULO 3

3. Emergência de riscos aquando da implementação das alianças de colaboração no sector da produção de combustíveis

A implementação de alianças de colaboração na gestão ambiental não foi uma questão simples. O facto é que o domínio da gestão ambiental é agora um domínio de distribuição de propriedade. Todas estas alterações anuais da percentagem de pagamento das rendas são um mecanismo de pressão dos interesses individuais. Por conseguinte, a decisão sobre a extração de recursos naturais e a atribuição das rendas provenientes da sua extração será tomada sem harmonizar os interesses das comunidades e das empresas, o processo de formação de alianças será atrasado ou haverá riscos adicionais.

Realizámos um estudo em 2015-2017 com o objetivo de identificar os riscos reais na formação de um mecanismo de colaboração no sistema "estado - região - empresa" e a atribuição de rendimentos de aluguer provenientes da extração de recursos naturais. O estudo foi realizado utilizando o método de avaliação de peritos entre 50 inquiridos diretamente envolvidos na indústria extractiva (gestores de topo de empresas extractivas, pessoal científico de várias instituições). Este estudo permitiu identificar e avaliar os riscos esperados e as principais preocupações dos inquiridos.

A maioria dos inquiridos avaliou os riscos esperados da seguinte forma:

Quadro 2

	Riscos	Causas de risco
1.	Diminuição do preço dos recursos	- redução dos regimes-sombra das empresas; estabilização dos processos comerciais; concorrência de produtos nos mercados interno e externo; apoio do Estado.
2.	Concorrência	- contribuirá para aumentar a componente social dos acordos.
3.	Aumento do montante do pagamento da renda	- um aumento do preço dos recursos naturais, a formação de um preço não competitivo no mercado mundial
4.	Aumento dos custos das empresas para extrair a unidade de recursos naturais	- modernização dos fundos tecnológicos das empresas; desenvolvimento de programas sociais nas regiões; aplicação de medidas de proteção ambiental nas empresas;

		- devido a um aumento do pagamento das rendas;
5.	Desenvolvimento de regimes-sombra para determinar o rendimento do arrendamento	- para minimizar os pagamentos de renda para o orçamento.
6.	Aumento do preço dos recursos	- pode ser devido a custos adicionais para a modernização tecnológica das empresas, a atribuição de novos empregos e o aumento dos custos para o desenvolvimento de programas sociais.
7.	Comportamento oportunista dos participantes	- com a coordenação dos interesses das partes
8.	Controlo estatal sobre os principais sectores da economia, formando uma renda significativa	- monopolização do sector
9.	Alterações necessárias no quadro legislativo	- a celebração de alianças de colaboração entre o Estado e as empresas extractivas e a coordenação dos interesses das partes com a definição da responsabilidade social de todas as partes no acordo implicarão alterações no quadro legislativo.

Os resultados obtidos ajudaram a identificar os riscos esperados da colaboração de interesses de todos os participantes da aliança e a identificar os principais componentes para o desenvolvimento de uma estratégia para minimizar os efeitos negativos esperados ao colaborar com os interesses do Estado e das empresas extractivas, bem como para criar um mecanismo de responsabilidade social através da redistribuição do rendimento das empresas extractivas.

CAPÍTULO 4

4. Identificação dos riscos mais significativos na formação de alianças de colaboração para o desenvolvimento de estratégias para a sua implementação no sector da produção de combustíveis

A maioria das decisões nas actividades das alianças conjuntas são tomadas em condições de incerteza e imprevisibilidade. Neste sentido, é necessário identificar os riscos mais significativos que podem afetar significativamente a tomada de decisões e a justificação da estratégia de desenvolvimento escolhida por cada membro da aliança, as actividades económicas, de investimento e financeiras. Neste trabalho, identificámos os principais riscos na criação de uma aliança de colaboração para todos os participantes na interação, utilizando a combinação do método empírico Delphi e dos métodos de sistematização de informação estatística. Uma vez que os inquiridos não expressaram claramente uma hipótese sobre a importância dos riscos identificados, formalizámos os resultados obtidos através de um modelo matemático. Para implementar esta tarefa, aplicámos os indicadores baseados na utilização de ferramentas de Lógica Fuzzy com os indicadores de estabilidade da relação de colaboração.

Identificação e classificação dos principais riscos no estabelecimento de alianças de colaboração no sistema "Estado - comunidades locais - empresas extractivas

Quadro 3

Nível		Riscos na criação de alianças de colaboração na gestão ambiental	Classificação dos factores de risco
Estado	1.	Diminuição do preço do recurso	10
	2.	Desenvolvimento de regimes-sombra para determinar o rendimento do arrendamento	4
	3.	Aumento do preço dos recursos	1
	4.	Controlo estatal sobre os principais sectores da economia que geram rendimentos de rendas significativos	9
	5.	Alterações do quadro jurídico	8
Região	6.	A concorrência aumentará o fator social na harmonização dos interesses das partes	3

	7.	Esgotamento dos recursos regionais	6
	8.	Aumento do preço dos recursos	1
Empresa	9.	Aumento do montante das rendas	7
	10.	Comportamento oportunista dos participantes	5
	11.	Aumento dos custos das empresas para extrair a unidade de recursos naturais	2
	12.	Aumento do preço dos recursos	1

Até à data, existem métodos suficientes para classificar os riscos, mas na sua maioria não têm em conta a interdependência dos riscos entre si, pelo que o estudo oferece *uma abordagem científica e metodológica para identificar os riscos socioeconómicos e ambientais mais significativos na formação de alianças de colaboração, tendo em conta a interdependência e a formação e atribuição da renda dos recursos naturais.*

As fases de simulação incluem: criação da matriz de dados, implementação de cálculos aritméticos, possibilidade de obter resultados em condições lógicas, introdução de caraterísticas comparativas. O software pode atuar como um pacote de software MathCAD para implementar este modelo.

Utilizando a função de associação, classificámos os factores por ordem de importância para formar uma aliança de cooperação e combinámo-los com os grupos de dependência, definindo assim as direcções das estratégias no âmbito da implementação do mecanismo de cooperação. Durante o estudo, identificámos a relação entre os riscos dos participantes na aliança de cooperação (Tabela 3).

Interdependência dos factores de risco das alianças de colaboração no sistema "estado - região - empresa

Quadro 4

Nível		Riscos na criação de alianças de colaboração na gestão ambiental	Valor esperado das relações entre os factores		Interdependência dos factores de risco
Estado	1.	Diminuição do preço do recurso	1,0		Comportamento oportunista dos participantes
	2.	Desenvolvimento de regimes-sombra para determinar o rendimento do arrendamento	0,98	0,02	Alterações do quadro jurídico
	3.	Aumento do preço dos recursos	0,50	0,50	Esgotamento dos recursos regionais
	4.	Controlo estatal sobre os principais sectores da economia que geram rendimentos de rendas significativos	0,88	0,12	Aumento do montante das rendas

	5.	Alterações do quadro jurídico	0,31	0,69	Desenvolvimento de regimes-sombra para determinar o rendimento do arrendamento
Região	6.	A concorrência aumentará o fator social na harmonização dos interesses das partes	0,67	0,33	Aumento dos custos das empresas para extrair a unidade de recursos naturais
Região	7.	Esgotamento dos recursos regionais	0,50	0,50	Aumento do preço dos recursos
Região	8.	Aumento do preço dos recursos	0,72	0,28	Controlo estatal sobre os principais sectores da economia que geram rendimentos de rendas significativos
Empresa	9.	Aumento do montante das rendas	0,23	0,77	Desenvolvimento de regimes-sombra para determinar o rendimento do arrendamento
Empresa	10.	Comportamento oportunista dos participantes	0,33	0,67	Surgimento de conflitos de interesses entre os participantes
Empresa	11.	Aumento dos custos das empresas para extrair a unidade de recursos naturais	1,0		Aumento do preço dos recursos
Empresa	12.	Aumento do preço dos recursos	0,55	0,45	A concorrência entre empresas afectará negativamente os interesses públicos

Os resultados do estudo mostraram que:

1. O aumento dos custos das empresas para obter uma unidade adicional de recursos e o aumento da concorrência entre empresas no mercado externo afectarão diretamente a concorrência no mercado interno, o que levará à unificação das empresas e à criação de alianças;

2. Por sua vez, a concorrência entre empresas privadas e públicas é inevitável no processo de trabalho conjunto, o que pode levar a preços mais elevados devido ao aumento dos custos das empresas na produção de unidades de recursos adicionais. Esta estratégia empresarial pode levar ao esgotamento da base de recursos da região e à deterioração da situação económica na região de extração.

3. O aumento da concorrência nos mercados interno e externo de recursos naturais exigirá a criação de alianças conjuntas "Estado-empresa" com uma componente obrigatória sob a forma de responsabilidade social;

4. O aumento do preço dos recursos pode levar a trabalhos adicionais na extração de recursos naturais para aumentar o volume de produção, mas isso pode levar ao esgotamento do potencial de recursos das regiões;

5. Além disso, o aumento do preço dos recursos e do rendimento das rendas pode levar a tentativas de controlo da produção de combustível pelo Estado;

6. O comportamento oportunista dos participantes na aliança de colaboração pode levar

a uma redução do preço dos recursos no mercado e a uma redução da competitividade das empresas.

Tomamos todos estes riscos identificados relativamente à implementação de alianças de colaboração na gestão da natureza como base para a formação de estratégias para a implementação do mecanismo de cooperação na indústria extractiva. O facto é que estes riscos são os principais receios dos gestores e da administração das empresas extractivas e das regiões com interesses coordenados no âmbito da aliança de colaboração. Por isso, acreditamos que a estratégia de minimização de riscos utilizada na implementação da aliança de colaboração ajudará: em primeiro lugar, a determinar o estado de preparação da região e das empresas extractivas para implementar as mudanças transformacionais nas relações socioeconómicas. O nível geralmente elevado dos riscos identificados indica que as comunidades locais e as empresas extractivas de uma determinada região devem responder às condições socioeconómicas complexas que foram identificadas durante o estudo. Em segundo lugar, os riscos identificados mostram os pontos "fracos" do sistema socioeconómico da região e ajudarão a canalizar uma parte das receitas das rendas para estes sectores temáticos.

CAPÍTULO 5

5. Desenvolvimento de estratégias para a implementação de alianças de colaboração na indústria extractiva

A aceleração das mudanças no ambiente, o aparecimento de novos pedidos de informação e a alteração da posição do consumidor e do fabricante, o aumento da concorrência pelos recursos, a internacionalização das empresas, o aparecimento de novas oportunidades de negócio, muitas vezes absolutamente inesperadas, o desenvolvimento de redes de informação, que permitem divulgar e obter informações de forma ligeira, a ampla disponibilidade de tecnologias modernas, a alteração do papel dos recursos humanos, bem como uma série de outros factores, conduziram a um aumento acentuado do valor da gestão estratégica. O âmbito de aplicação da gestão estratégica também se alterou. Se, anteriormente, considerávamos as estratégias ao nível da empresa e a interação da empresa com o ambiente, agora a gestão estratégica é cada vez mais aplicada aos níveis estatal e interestatal, ao implementar os objectivos das alianças de colaboração e ao desenvolver os programas de desenvolvimento regional. O próprio conceito de gestão também está em constante evolução. Uma boa gestão ou, para ser mais preciso, uma gestão eficaz é uma gestão que procura não ser correta, mas fazer coisas impossíveis (Naumov, 1998). A gestão não lida com a lógica, mas com interesses, pelo que está sempre em busca e, por conseguinte, a teoria da gestão está em constante evolução, o que reflecte os exemplos mais bem sucedidos de atividade de gestão, a melhor (mais eficaz) prática de gestão. (Vikhanskyi, 1998).

O termo "gestão estratégica" foi introduzido a partir do final dos anos 60 e dos anos 70 para marcar a diferença entre a gestão atual ao nível da produção e a gestão realizada ao mais alto nível. A necessidade de estabelecer essa diferença deveu-se principalmente a mudanças nas condições de negócio. O desenvolvimento das ideias de gestão estratégica reflectiu-se nos trabalhos de autores como Frankenhofs e Granger (1971), Ansoff (1972), Schendel e Hatten (1972), Irwin (1974), et al. A ideia principal que reflecte a essência da transição da gestão operacional para a gestão estratégica foi a ideia da necessidade de deslocar o foco de atenção da gestão de topo para o ambiente, a fim de responder adequada e atempadamente às mudanças que nele ocorrem.

É possível especificar várias definições construtivas que foram propostas pelos criadores autorizados da teoria da gestão estratégica. Schendel e Hatten consideraram-na como "o processo de identificação e (estabelecimento) da relação da organização com o seu ambiente, consistindo na implementação dos objectivos escolhidos e nas tentativas de alcançar o estado desejado de relação com o ambiente através da atribuição de recursos, o que permite à organização e às suas subdivisões funcionarem de forma eficaz e eficiente". Segundo Higgins, a "gestão estratégica é o processo de gestão destinado a implementar a missão da organização através da gestão da interação da organização com o seu ambiente" (Higgens, 1993). Pearce e Robinson definem a gestão estratégica "como um conjunto de decisões e acções sobre a formulação e implementação de estratégias desenvolvidas para atingir o objetivo da organização" (Pearce e Robinson, 2011).

Há ainda uma série de definições que enfatizam certos aspectos e peculiaridades da gestão estratégica ou a sua distinção da gestão "comum". No entanto, no que diz respeito à gestão estratégica, é importante começar por compreender que se trata de uma componente da gestão, que tem o seu núcleo em termos de trabalho teórico de gestão sénior destinado a encontrar as soluções que ajudarão a organização a sobreviver num ambiente em mudança dinâmica num contexto de concorrência feroz, em que cada participante na concorrência quer fazer tudo o que for possível para ganhar (Vikhanskyi, Naumov, 1998). A estratégia de gestão na criação de alianças e parcerias de colaboração merece uma atenção especial. Tal deve-se ao facto de ser possível desenvolver uma abordagem de gestão estratégica eficaz para as entidades empresariais e geri-las eficazmente no contexto da atribuição colaborativa de recursos, finanças e riscos.

A literatura comercial internacional já reconheceu uma série de resultados positivos para as empresas ativamente envolvidas nas alianças estratégicas. Os principais aspectos positivos são: maior retorno sobre o investimento, melhor retorno sobre o investimento e maiores taxas de sucesso em comparação com a integração através de fusões e aquisições. (Booz-Allen & Hamilton, 1999). No entanto, nem todos os gestores de empresas optam pela estratégia de colaboração, especialmente nas empresas que são praticamente monopolistas. Isto é confirmado pelo facto de haver pouca compreensão entre os gestores de empresas sobre os processos de formação e desenvolvimento de relações interempresariais e factores que determinam o sucesso nas alianças estratégicas (O'Farrell & Wood, 1999).

De acordo com o Decreto do Presidente da Ucrânia "Sobre a Estratégia de Desenvolvimento Sustentável "Ucrânia-2020"", que consiste em três vectores de movimento: desenvolvimento sustentável do país; segurança do Estado, das empresas e dos cidadãos; responsabilidade e justiça social, propusemos neste artigo um mecanismo para implementar as alianças de colaboração na gestão da natureza através do desenvolvimento de um "bloco de estratégias". O principal pré-requisito é um novo contrato social entre a sociedade civil, o governo e as empresas, em que cada parte tem a sua própria área de responsabilidade.

Na nossa opinião, o bloco de estratégias deve significar o conjunto mínimo necessário de estratégias de diferentes valores e diferentes intensidades de aplicação.

De acordo com a definição de "bloco de estratégias", é necessária a coordenação de estratégias de diferentes tipos. Uma aliança de colaboração pode alcançar objectivos comuns, desde que as estratégias sejam equilibradas, a interação de tipos particulares no "conjunto estratégico" seja fundamentada, o que contribui para o seu reforço mútuo, ou seja, ajuda a alcançar o efeito de sinergia. O efeito de sinergia das estratégias comuns das alianças aumenta com o equilíbrio dessas estratégias, o que reflecte as direcções das suas actividades. Algumas áreas de atividade são eficazmente implementadas quando as estratégias funcionais e de recursos são coordenadas e adaptadas umas às outras e às estratégias de inovação e de nível básico. A coordenação entre as estratégias minimiza os riscos, envolve os parceiros de colaboração, cria produtos e serviços inovadores e implementa políticas socialmente orientadas nas regiões mineiras.

Um dos principais objectivos da gestão estratégica no contexto da colaboração é assegurar uma afetação racional dos recursos entre todos os participantes na aliança de colaboração e introduzir a responsabilidade social para com a comunidade no território da extração dos recursos naturais.

Os objectivos estratégicos, para serem alcançados no futuro, exigem decisões sobre o consumo de recursos ainda hoje. O futuro é sempre incerto, pelo que o consumo de recursos será sempre acompanhado de um ou outro nível de risco. É impossível eliminar completamente o risco; a minimização do risco exige normalmente custos adicionais e pode não ser económica. Ao desenvolver as estratégias, é necessário justificar os níveis de risco possíveis e aceitáveis, em que o conselho de administração deve incorrer ao utilizar os recursos com o máximo retorno possível. Tendo em conta o que precede, o artigo propõe a aplicação de um conjunto mínimo necessário de estratégias para a implementação de uma aliança de colaboração entre o Estado e as empresas extractivas para o estabelecimento da responsabilidade social nas regiões mineiras. Este bloco de estratégias é apresentado sob a forma de uma matriz.

A matriz de estratégia é composta por três níveis: "Baixo", "Médio" e "Alto". Cada nível é composto por quatro estratégias que caracterizam o bloco de estratégias selecionado. O primeiro nível inclui as estratégias básicas, o segundo - recursos, o terceiro - funcionais, o quarto - inovadoras. Oferecemos a implementação de um "bloco de estratégias" que satisfaça o nível de risco de uma determinada aliança de colaboração.

A implementação do "bloco de estratégias" deve-se ao facto de:

- a aplicação de uma destas estratégias é, em todo o caso, um estímulo às mudanças estruturais e funcionais das alianças;

- o nível das estratégias é determinado pelos riscos identificados e classificados aquando da criação de uma aliança de colaboração específica;

- os riscos identificados dizem respeito a várias sub-divisões de gestão, pelo que nem todos os problemas podem ser cobertos por uma única estratégia.

Classificação das estratégias

De acordo com a matriz de estratégias proposta, cada bloco deve ser composto pelos seguintes tipos de estratégias, tais como

- básica (carteira, estratégias empresariais destinadas a criar e implementar novos produtos, tecnologias e serviços);

- funcional (científica e técnica, produção, comercialização, serviços);

- recursos (financeiros, laborais, informativos, materiais e técnicos);

- inovadoras (tecnologias, estruturas, métodos, sistemas de gestão).

As estratégias são também caracterizadas pelo grau de disponibilidade para implementar os mecanismos de colaboração "Baixa", "Média", "Alta", ou seja, indica o grau de abertura das empresas de gestão ambiental à disponibilidade para conciliar os seus interesses com o ambiente externo na extração de recursos naturais.

O bloco de estratégias básicas inclui:

- **estratégia de planeamento.** Esta estratégia dá oportunidades reais de entrar no mercado onde os fabricantes, utilizando a estratégia de planeamento, podem vender os seus produtos sem obstáculos;

- **estratégia de implementação.** Esta estratégia implica o desejo do fabricante de se manter no mercado já conquistado com produtos médios ou mesmo desactualizados em termos de inovação. Esta estratégia pode ser aplicada quando um produtor líder emerge da concorrência neste domínio da inovação;

- **estratégia de desenvolvimento.** A estratégia de conteúdo científico avançado. Caracteriza-se pelo desejo de ter um elevado nível de conteúdo científico, superior ao nível médio da indústria. Esta estratégia aplica-se quando o momento em que um novo produto aparece no mercado é importante, quando é importante subcontratar outras empresas para baixar os preços e os custos.

O bloco de estratégias de recursos inclui:

- **estratégia de acumulação.** Esta estratégia implica poupanças significativas em investigação e desenvolvimento, nalguns casos, e noutros casos noutros custos associados à conquista e manutenção de posições de liderança na indústria extractiva. As empresas que recorrem a esta estratégia aproveitam normalmente todas as oportunidades para tirar partido da experiência e das realizações das empresas que lideram nesta área inovadora, o que permite reduzir propositadamente as despesas com o desenvolvimento da produção;

- **estratégia para manter posições tecnológicas.** É adequada para as empresas que detêm posições competitivas fortes, mas que, por alguma razão, sofrem uma pressão forte e inesperada por parte dos concorrentes e não podem investir os fundos necessários na atualização da produção em algumas fases de desenvolvimento. Esta estratégia não pode ser bem sucedida a longo prazo;

- **estratégia de implementação de novas tecnologias.** A base desta estratégia são as vantagens esmagadoras do mercado, a orientação para o avanço das actividades de inovação dos concorrentes e um aumento desta diferença.

O bloco de estratégias funcionais inclui:

- **estratégia motivacional.** Esta estratégia implica a procura de decisões de gestão motivacionais que não exijam custos de investigação e desenvolvimento significativos, mas com as quais a empresa será bem sucedida no mercado durante muito tempo;

- **estratégia de simulação.** A estratégia de simulação é utilizada pelas alianças de colaboração com posições de mercado fracas que não são pioneiras no lançamento de inovações. Neste caso, as principais propriedades de consumo das inovações lançadas no mercado por outras empresas são copiadas. A estratégia de simulação baseia-se na concentração dos esforços e das finanças da empresa em investimentos de capital de produção, no seu rápido desenvolvimento e num marketing eficaz. Minimiza o risco de investimento, o risco tecnológico e reduz o risco comercial e financeiro;

- **estratégia estimulante.** Implica uma transição para as fases superiores do desenvolvimento tecnológico, contornando as inferiores. Está estreitamente relacionada com as estratégias de simulação.

O bloco de estratégias inovadoras inclui:

- **estratégia de manutenção das vantagens competitivas.** A principal caraterística desta estratégia é encontrar o melhor rácio "custo - resultado" no processo de colaboração. O principal objetivo desta estratégia é a reação atempada da empresa às acções dos concorrentes e ao comportamento dos consumidores;

- **estratégia de organização da gestão.** Esta estratégia está relacionada com certas mudanças na organização da gestão empresarial e com a introdução de métodos de gestão inovadores no sistema de alianças;

- **estratégia para aumentar as vantagens competitivas.** É normalmente utilizada por empresas poderosas e de grande dimensão. A complexidade desta estratégia em termos de gestão reside no facto de ser necessário manter continuamente o segundo lugar no grupo de candidatos à liderança, para prosseguir uma política de inovação eficaz.

Para determinar o conjunto de estratégias necessárias para uma aliança de colaboração, é necessário determinar a função de dependência dos riscos identificados. A Tabela 1 apresenta uma função de dependência para os 10 riscos identificados na criação de alianças de colaboração entre o Estado e as empresas extractivas na extração de recursos naturais.

Função de afiliação e classificação do valor atual do fator

Quadro 5

Value interval V	Classification of factor level V	Confidence degree
$0.086 \leq V \leq 0.129$	V_1	1
$0.129 < V < 0.217$	V_1	$\mu_1 = 11.363 \, (0.217 - V)$

	V_2	$1-\mu_1 = \mu_2$
$0.217 \leq V \leq 0.289$	V_2	1
$0.289 < V < 0.344$	V_2	$\mu_2 = 18.182\,(0.344 - V)$
	V_3	$1-\mu_2 = \mu_3$
$0.344 \leq V \leq 0.404$	V_3	1
$0.404 < V < 0.468$	V_3	$\mu_3 = 15.625\,(0.468 - V)$
	V_4	$1-\mu_3 = \mu_4$
$0.468 \leq V \leq 0.558$	V_4	1
$0.558 < V < 0.673$	V_4	$\mu_4 = 8.695\,(0.673 - V)$
	V_5	$1-\mu_4 = \mu_5$
$0.673 \leq V \leq 0.737$	V_5	1

Apresenta graficamente a função de filiação proposta na Tabela 5

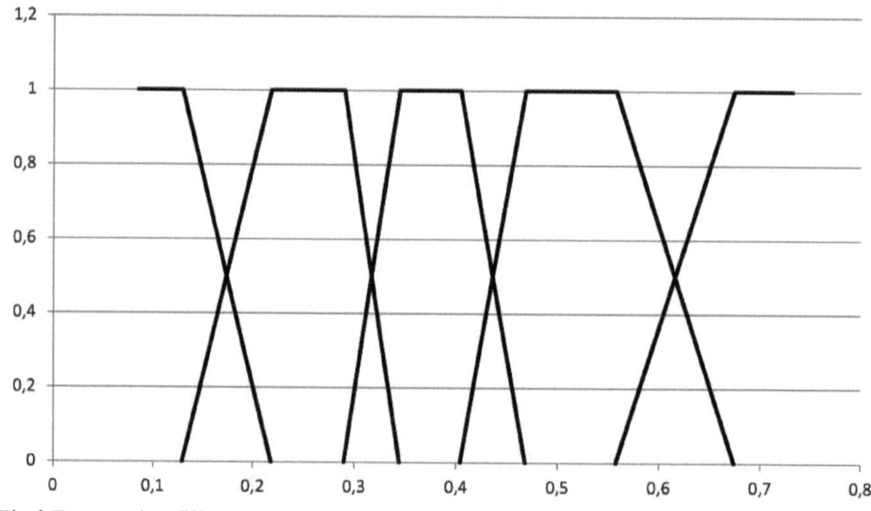

Fig.1 Função de afiliação.

De acordo com a classificação proposta na Tabela 1 das variáveis estudadas, com base nos valores obtidos anteriormente, obtém-se um quadro resumo de análise das variáveis estudadas.

Classificação dos factores estudados

Quadro 6

Não.	Nome da variável	Valor esperado					Classificação
		Não é importante	Permitido	Tem alguma importância	Importante	Muito importante	
1	Diminuição do preço do recurso			0.395 1.0			10
2	A concorrência aumentará a componente social dos contratos				0.561		3
					0.97	0.03	
3	Aumento do montante das rendas				0.479 1.0		7
4	Aumento dos custos das empresas para extrair a unidade de recursos naturais				0.595		2
					0.68	0.32	
5	Desenvolvimento de regimes-sombra para determinar o rendimento do arrendamento				0.560		4
					0.98	0.02	
6	Aumento do preço dos recursos				0.616		1
					0.50	0.50	
7	Comportamento oportunista das partes aquando da negociação de interesses				0.553 1.0		5
8	Controlo estatal sobre os principais sectores da economia, formando uma renda significativa			0.412			9
				0.88	0.12		
9	Esgotamento dos recursos na região				0.507 1.0		6
10	Alterações necessárias no			0.448			8
	quadro legislativo			0.31	0.69		

Cada bloco de estratégia deve consistir em estratégias "básicas", "de recursos", "funcionais" e "inovadoras". A estratégia é determinada através da determinação do nível de significância dos riscos identificados aquando da formação de uma aliança de colaboração específica.

- Na primeira fase, utilizando o método pericial, os riscos identificados são classificados de acordo com a importância e a função de filiação e a classificação do valor atual do fator são determinadas.

- Na segunda fase, é identificado o nível de significância do risco, que pode ser identificado como "sem importância", "admissível", "significativo", "importante", "muito importante" aquando da formação das alianças de colaboração.

- Na terceira fase, a interdependência entre os riscos é determinada pela formação de uma aliança de colaboração entre o Estado e as empresas extractivas.

- Os valores dos factores revelados estão relacionados com a matriz da estratégia. Neste caso, a maior parte dos factores situa-se no bloco Alto. Isto significa que esta aliança de colaboração está preparada para mudanças no domínio da gestão ambiental e para a adoção de decisões de gestão inovadoras (Fig. 1).

Fig. 1 A matriz estratégica é formada com base nos riscos identificados aquando da implementação de uma aliança de colaboração na indústria extractiva da Ucrânia.

As estratégias propostas na colaboração de interesse resolvem os seguintes problemas:

- a atribuição racional de recursos entre todos os participantes na aliança de colaboração;

- introdução da responsabilidade social em relação à comunidade no território da extração de recursos naturais;

- definição dos principais riscos durante a extração de recursos naturais para o período em curso;

- definição das necessidades de perspetiva das empresas e das comunidades nos recursos de todos os tipos necessários;

- cálculo das restrições de recursos admissíveis e formação de normas progressivas de consumo de recursos de vários tipos;

- definição de "áreas de recursos estratégicos", possibilidades da sua utilização através do equilíbrio de volumes e composição, termos de entrega com a dinâmica de consumo;

- desenvolvimento de medidas para o transporte, armazenamento e utilização racionais;

- introdução de novas tecnologias ambientais modernas na extração de recursos naturais;

- coordenação dos interesses das comunidades locais, das empresas de extração e do Estado na gestão ambiental;

CAPÍTULO 6

6. Prever a evolução da situação económica, social e ecológica do país em relação à implementação de uma aliança de colaboração no domínio da gestão da natureza

Como já mencionámos acima, o problema da implementação de uma aliança de colaboração na indústria de produção de combustível reside no facto de termos identificado alguns riscos no processo de desenvolvimento deste mecanismo, que poderiam ser enfrentados pelos membros da aliança (Estado - comunidades locais - empresas produtoras de combustível) durante o funcionamento das alianças de colaboração. Por isso, desenvolvemos a abordagem científico-metódica sobre a coordenação dos interesses de diferentes grupos na formação das alianças de colaboração de diferentes níveis de hierarquia, utilizando o método de cenários. Tendo em conta que o mecanismo organizacional de redistribuição do rendimento das rendas pode provocar várias consequências e o desenvolvimento de acontecimentos imprevistos, tanto nas regiões como no país como um todo, é necessário considerar a variabilidade dos acontecimentos, tendo em conta diferentes critérios.

São muitos os trabalhos dedicados ao tema da utilização de uma abordagem de cenários na previsão de processos políticos e sociais. Entre eles contam-se sobretudo cientistas americanos, britânicos, alemães e russos: L.I. Abalkin, A.S. Akhremenko, S. Braun, R. Bud, A.Viner, L. Gann, Yu. Hausemeier, Kh. Geshka, N. Glass, V. Dannikov, G. Zhukova, A. Zibe, S.V. Ildemenov, G. Kan, G.N. Kalyanov, E. Kveid, B.I. Krasnov, S. Kurganyan, A.T. Kutanov, D. Marka, Kmak-Gouen, E.G. Oikhman, E.V. Popov, T. Postma, Yu.V. Sidelnikov, E.D. Solozhentsev, B. Teilor, V.N. Trenev, K.A. Feofanov, A. Fink, R. Hammer, B. Hogwood, V.N. Tsigichko, A.Z. Sheier, O. Shlake, S. Yuditsky.

Este método parece ser mais eficaz para considerar eventos prováveis no futuro, porque para além de analisar os factores que afectam a empresa e o negócio como um todo, os possíveis cenários de desenvolvimento no futuro e a possível interação de objectivos estratégicos, flexíveis e "duráveis em termos de futuro", a estratégia adquire um significado especial. As opções de desenvolvimento aceites incluem a pluralidade de imagens possíveis do futuro, aumentando o valor, a sensibilidade e as peculiaridades das decisões estratégicas, dos objectivos e das estratégias implementadas nos cenários (Akimova, 2006).

Este método permite responder às seguintes questões:

1. Quais são as tendências de um aspeto particular do desenvolvimento do sistema empresarial considerado, as condições e os factores que as determinam?

2. Que problemas podem ser enfrentados pelo sistema empresarial investigado, onde se localizam os pontos de bifurcação, nos quais pode haver uma mudança brusca nos parâmetros ou na estrutura do sistema?

3. Como e em que medida as decisões de gestão influenciam a trajetória do desenvolvimento futuro do sistema empresarial previsto, quais são as consequências das várias opções da decisão considerada, qual é a área de alternativas admissíveis a esta solução?

A maioria dos cientistas salienta que o conteúdo dos mecanismos coercivos existentes atualmente tem sido a fonte de muitos problemas da economia em transição, que estão relacionados com o desenvolvimento de ligações informais entre os sujeitos económicos [45,46,47,48]. Atualmente, as instituições da economia de mercado estão praticamente formadas, mas não conseguem dar resposta aos processos de reforma, que até agora apenas se desenrolam e não influenciam suficientemente o curso da transformação futura da economia do país. Não conseguem responder com rapidez suficiente às novas relações com os agentes económicos e introduzir novos mecanismos de coordenação.

Nas condições actuais, as empresas extractivas não são rentáveis para apresentar rendimentos mais elevados, uma vez que o pagamento de uma renda é deduzido numa correlação percentual. Consequentemente, é necessário criar um mecanismo de redistribuição do rendimento das rendas, que seria interessante para todos os participantes nesta criação na Ucrânia e em alguns países da Europa de Leste (Bielorrússia, Geórgia, Moldávia, etc.).

A avaliação dos factores inerentes às diferentes formas de cooperação mostrou que o maior número de factores tem o valor mais elevado para a interação eficaz das entidades empresariais na colaboração. Isto sugere que, em primeiro lugar: - a colaboração é a forma mais transparente de interação entre os sujeitos em comparação com outras formas de cooperação e, em segundo lugar, formas semelhantes de interação, como a cooperação, têm diferenças na formulação de objectivos, na forma de comunicação, na presença de concorrência, etc. Assim, as alianças de colaboração são a forma organizacional que facilitará a redistribuição óptima do rendimento das rendas entre o Estado-região e as empresas extractivas.

Uma análise dos estudos das principais economias do mundo mostrou que um dos mecanismos reais para a reposição dos orçamentos das regiões e do Estado é a afetação óptima das rendas provenientes da extração de recursos naturais e a atribuição de uma parte das rendas aos orçamentos locais, a fim de restaurar os territórios após a extração de recursos naturais e o desenvolvimento da vida das comunidades territoriais [49].

A própria investigação permitiu desenvolver a abordagem científico-metodológica sobre a coordenação dos interesses de diferentes grupos na formação de alianças de cooperação de diferentes níveis de hierarquia (horizontal e vertical). A utilização da abordagem de cenários revela um efeito que, através de critérios de variabilidade, determina mudanças na implementação do mecanismo de alianças de colaboração nos territórios de extração de recursos naturais e tendo em conta os factores de risco.

A introdução de novas formas de organização do trabalho ao nível do Estado ou ao nível da empresa enfrentará sempre os riscos e as contra-acções dos participantes individuais no trabalho. Por conseguinte, é necessário "jogar" com as opções de acontecimentos e ocorrência de riscos a diferentes níveis (Estado, empresas produtoras de combustíveis e regiões onde se realiza a extração de recursos naturais).

Para que o autor pudesse sistematizar os eventos variáveis do funcionamento das alianças de colaboração no domínio da extração de recursos naturais, classificámos as opções de ocorrência de eventos por indicador S, com a combinação de métodos periciais, sistémicos e empíricos. Os cenários de eventos são considerados de acordo com três grupos de peritos. Os grupos de peritos trabalharam em 2015 e 2016. Foram adoptadas como base três opções de desenvolvimento do evento (otimista, pessimista e mais provável). Com base na formalização da interdependência entre os riscos colaborativos de diferentes grupos, sugerimos a escolha das ferramentas de gestão dos riscos em função das suas manifestações, bem como de outros factores, cuja combinação específica deve ser estabelecida com base no indicador S. Os principais critérios de variação de S são:

i_l - nível de alianças de colaboração:

i_r -tipo de risco

i_m - tipo de concorrência das empresas produtoras de combustíveis

i_c - tipo de crise sócio-ecológica e económica (situação no país) (Quadro 1).

S $\{i_l$, i_r ; i_m ; $i_c\}$, em que:

i_l - nível de alianças de colaboração:

1 - a nível estatal;

2 - a nível das empresas produtoras de combustíveis;

3 - nível regional);

i_r - tipo de risco

1 - aumento do preço do recurso;

2 - esgotamento dos recursos na região;

3 - controlo estatal sobre as empresas produtoras de combustíveis;

4 - mercado;

5 - monetária;

6 - risco de liquidez;

7 - aumento do pagamento das rendas;

8 - legal;

9 - estratégico);

i_m **- tipo de concorrência das empresas produtoras de combustíveis**

1 - intra-industrial;

2 - inter-industriais;

3 - imperfeito;

4 - perfeito;

i_c **- tipo de crise sócio-ecológica e económica** (situação no país)

1 - económico;

2 - desenvolvimento social;

3 - monetária;

4 - liquidez;

5 - confiança;

6 - ecológico;

Cenários de aplicação do mecanismo de alianças de colaboração em função dos critérios de variabilidade S *{i_l , i_r ; i_m ; i_c }* **(fragmento)**

Quadro 7

Opção de desenvolvimento otimista		O mais provável		Opção de desenvolvimento pessimista	
S {1; 1; 1;6} S {1; 7; 2;1} S {1; 7; 2;6}	- receção de recursos financeiros para o desenvolvimento regional e a proteção do ambiente; -	S {1;4;2;4} S {1; 1;2;2} S {1;4;2;2}	- diminuição do lucro da empresa através do aumento do preço de custo dos recursos naturais;	S {1; 2;1;6} S {1;1;2;1}	- não haverá uma redistribuição equitativa dos rendimentos das rendas entre os participantes na colaboração; - aumento do pagamento da renda;
S {1; 3;1;1} S {2;1;2;2} S {1;7;1;3} S {2;3;1;2} S {2;7;2;5}	- o Estado assegura a exploração de minerais, a regulamentação da extração de recursos naturais através das suas próprias estruturas; - os custos das necessidades sociais e ambientais das regiões serão reduzidos;	S {2;7;2;1} S {1;3;2;3} S {2; 2;2;4} S {3; 1;2;6}	- aumento das receitas para os orçamentos locais; - os preços dos recursos naturais podem aumentar;	S {3; 2;2;1} S {3;7; 2;2} S {2; 7;1;6} S {2; 6;1;3}	Dificuldade em coordenar os interesses das partes; - transferência de receitas para as periferias; - os esquemas de corrupção são possíveis;
S {1;3;1;2} S {2;5;2;1}	- as receitas orçamentais aumentarão;	S{2;6;3;1} S {3;5;4;2}	- os interesses das empresas de extração e das regiões mineiras	S {1;7;2;2} S {1; 3;3;5}	- as alterações constantes no pagamento de rendas no âmbito da gestão ambiental

S {1;5;1;2} S {1;8;3;3} S {2;9;3;6}	- otimização dos custos de extração de recursos naturais através do sistema de benefícios estatais para o imposto sobre o rendimento e o IVA na implementação de grandes projectos de investimento;	S {3; 2;4;1} S {1; 9;1;1} S {3; 6;1;3}	serão tidos em conta; - é necessário reformar os aspectos legislativos e jurídicos;	S {2; 7;4;1} S {2; 5;4;1} S {3; 7;1;6}	conduzem a uma diminuição da extração de recursos naturais; - paragem do funcionamento das empresas de baixa tecnologia;
S {1;5;3;5} S {2; 1;4;2} S {3; 9;3;5} S {3; 3;3;5} S {2; 9;1;6} S {1; 5;1;6}	- aumentar a confiança no Estado; - obtenção de certas vantagens decorrentes da participação na colaboração com empresas do sector mineiro através do recebimento de rendimentos de aluguer;	S {2;3;2;4} S {2;5;3;3} S {3;4;1;1} S {3;6; 2;1}	- controlo dos principais sectores económicos; - o problema de ter em conta os interesses de todas as partes	S {1;8;2;2} S {2;8;4;5} S {3; 9;3;1} S {1;7;3;1}	- a necessidade de rever o quadro regulamentar; - aumento da concorrência a nível nacional; - esquemas de corrupção;
S {2; 5;1;3} S {3;4;2;1}	- os preços dos recursos deverão diminuir e tornar-se estáveis; - a utilização de uma parte da renda natural para o desenvolvimento da região mineira e dos seus habitantes, tendo em conta os interesses das empresas de extração;	S {1;7;4;1} S {2; 6;3;3}	-diminuir o lucro das empresas através do aumento do preço de custo dos recursos naturais;	S{1;1;9;1} S {2;8;1;1} S {3;8;1;1}	- a necessidade de uma reforma completa da administração pública; - paragem das empresas em funcionamento, cujo resultado será a escassez orçamental, o aumento da tensão social na região e no país em geral
S {2;4;3;4} S {2;5;3;3} S {2;6;4;5} S {2;8;3;2} S {3;3;4;5}	- aumento do valor dos activos das empresas extractivas; - introdução de novas tecnologias nas empresas; - criação de novos postos de trabalho;	S {3;2;1;1} S {3;1;4;4} S {2;4;3;3} S {3;7;1;2} S {3;8;4;1}	- aumento dos fundos previstos para o desenvolvimento da região mineira; - desequilíbrio de interesses entre os participantes na cooperação; - otimização dos interesses económicos com a utilização dos recursos naturais de um determinado território;	S {1;3;3;1} S {1;1;1;5} S {2;6;3;4} S {2;3;4;1} S {3;1;1;1}	- aumento dos riscos adicionais; - aumento do preço do recurso; - conflito de interesses;
S {2;5;1;1} S {2;4;2;3}	- otimização dos interesses económicos com a utilização dos recursos naturais entre todos os participantes na colaboração;	S {2;6;1;1} S {2;4;3;1} S {1;2;3;1} S {3;5;3;1}	- aumento da concorrência entre as empresas extractivas; - os preços dos recursos devem diminuir;	S {2;1;3;1} S {2;7;3;2}	- aumento do pagamento das rendas; - aumento do preço do recurso;
S {2;6;1;3} S {2;9;3;4}	- melhoria da imagem da empresa, - aumento do valor dos activos no mercado;	S {2;6;2;1J S {2;4;3;6}	- a necessidade de atualizar a base tecnológica das empresas; - introdução de novas tecnologias de poupança de energia;	S {3;8;2;1} S {2;9;4;1} S {3;4;3;1}	- introdução de métodos e regras de trabalho novos e desconhecidos; - complexidade da introdução do mecanismo de cooperação na gestão ambiental; - resistência por parte da população do país;

S {3;4;4;1} S {3;5;4;2}	- desenvolvimento de fundos-alvo para a recuperação de regiões;	S {1;3;2;2} S {3;7;3;6} S {3;2;1;5}	- aumento do volume de exploração e extração de recursos naturais; - garantia de recebimento da parte do rendimento das rendas provenientes da extração de recursos naturais;	S {2;4;3;2} S {3;2;1;3}	- deterioração da situação económica das regiões; - esgotamento dos recursos regionais;
s {1;4;1;2}	- cooperação socialmente orientada entre o Estado e as empresas extractivas;	S {1;3;3;2} S {3;3;1;1}	- desenvolvimento socioeconómico das regiões; - controlo da extração dos recursos naturais pelo Estado e pelas comunidades;	S {1;4;1;6} S {2;1;1;3} S {2;5;1;1}	- a complexidade da criação de alianças de colaboração no sector mineiro; - aumento do preço de custo de produção; - aumento da concorrência intra-industrial;
S {3;4;1;2} S {3;8;3;2} S {3;9;2;5} S {3;5;1;2} S {3;2;3;2}	- aumento do financiamento dos programas sociais regionais; - crescimento do bem-estar dos cidadãos; - desenvolvimento da região onde se realiza a extração de recursos; - aumento das normas sociais regionais;	S {2;7;3;1} S {2;1;3;2} S {3;4;2;5} S {3;9;1;5}	- otimização da redistribuição das receitas das rendas entre o Estado, as regiões e as empresas extractivas; - aumento da confiança do público; - desenvolvimento e implementação de programas sociais;	S {3;2;3;1} S {3;2;2;1}	- esgotamento dos recursos regionais; - aumento dos preços dos recursos naturais; -
S {3;2;4;2} S {3;4;4;2} S {1;4;4;1}	- desenvolvimento de mecanismos de compensação material e moral para as regiões após a extração dos recursos; - receitas adicionais para os orçamentos de todos os níveis; - coordenação óptima dos interesses dos participantes na aliança de colaboração;	S {2;9;4;1} S {3;4;1;3} S {3;9;1;2} S {3;8;4;2}	- classificação positiva das empresas extractivas; - desenvolvimento da esfera socioeconómica das regiões; - implementação de programas estatais de proteção ambiental para o desenvolvimento regional;	S {1;7;1;2} S {2;1;4;2} S {2;2;3;5} S {3;2;4;4}	- discrepância entre o quadro regulamentar e as alterações na política de arrendamento; - crescimento dos esquemas de corrupção; - esgotamento da base de recursos, especialmente os recursos de importância nacional; - aumento dos riscos gerais;
S {3;6;4;1} S {3;4;2;2} S {1;6;4;3} S {1;9;2;5}	- aumento do financiamento nos domínios sociais: medicina, educação, cultura, desenvolvimento regional, melhoria das infra-estruturas;	S {3;5;4;2} S {3;1;4;5} S {2;3;2;5} S {3;2;4;5}	- responsabilidade mútua das partes na redistribuição dos rendimentos de aluguer; - poupar os recursos naturais para as gerações futuras; - a possibilidade de desenvolvimento regional;	S {2;6;3;1} S {2;5;3;1} S {3;6;4;2} S {3;4;3;6}	- a necessidade de custos adicionais para a introdução de novas tecnologias nas empresas, a fim de manter a sua competitividade; - redistribuição sub-óptima dos rendimentos de aluguer; - aumento do preço de custo de produção das empresas;

Há uma série de problemas relacionados com a coordenação dos interesses das partes com o cumprimento das regras de comunicação estabelecidas no decurso da execução da cooperação. Existe uma cooperação formal ou real no decurso da cooperação, uma vez que o acordo jurídico e a redação contratual não são suficientes para o surgimento do processo de colaboração e para o resultado final desejado.

Os cenários de desenvolvimento de eventos mostraram que, ao criar as alianças de colaboração em todas as opções de eventos (otimista, pessimista e mais provável), os custos adicionais serão aumentados para a introdução de novas tecnologias nas empresas para manter a sua competitividade, e o preço de custo de produção das empresas e a renda para a extração de recursos naturais podem ser aumentados. Um dos principais problemas revelados é a incoerência dos interesses dos participantes da aliança de colaboração na gestão ambiental. Ou seja, não há garantias de que o espírito oportunista não esteja presente na aliança. No entanto, para além de uma redistribuição óptima dos rendimentos provenientes da extração de recursos naturais, é criada uma aliança de colaboração para a formação da responsabilidade social na redistribuição dos recursos. Se todos os participantes na aliança aderirem aos acordos no âmbito da aliança, haverá um efeito de colaboração baseado no fenómeno da sinergia. O efeito de colaboração manifestar-se-á no aumento do valor acrescentado, que, por sua vez, afectará o crescimento da produção de recursos naturais, a melhoria das condições de trabalho, o aumento das receitas fiscais para o orçamento e a melhoria das infra-estruturas regionais.

CAPÍTULO 7

Conclusões e sugestões

Nos últimos anos, a humanidade compreendeu a natureza limitada dos recursos naturais (de acordo com as estimativas dos representantes do Clube de Roma, o pico de produção de matérias-primas per capita caiu para o final dos anos 60 do século XX); uma caraterística peculiar foi o rápido crescimento dos preços dos recursos. Não só a Ucrânia, mas também as empresas dos países desenvolvidos enfrentaram uma situação em que os recursos se tornaram uma das principais restrições (juntamente com as caraterísticas do tempo) que podem impossibilitar a implementação de qualquer estratégia produtiva. A escassez de recursos individuais é tentada de várias formas, incluindo através do desenvolvimento de tecnologias de poupança de recursos, a utilização de materiais artificiais, etc., mas nem sempre estas medidas ajudam a alcançar os resultados desejados. A escassez física de recursos é complementada pelos condicionalismos políticos no fornecimento de certos componentes a diferentes países. É também completada pelos problemas de insegurança social da população das regiões mineiras. São elas que suportam a carga principal após a extração dos recursos naturais. São estas regiões que necessitam de proteção ecológica e económica e de desenvolvimento de infra-estruturas, cuidados de saúde adicionais e implementação de programas de desenvolvimento regional, pelo que consideramos necessária a participação das comunidades locais na aliança de colaboração no domínio dos recursos naturais. O papel de cada participante é resolvido e os interesses de cada parte são coordenados durante a criação da aliança. Ao mesmo tempo, os riscos relacionados com a criação de uma aliança de colaboração no domínio da extração são identificados e classificados. Devido aos riscos identificados, podemos formular um conjunto de estratégias a diferentes níveis de gestão que ajudarão no futuro não só a implementar um sistema de alianças de colaboração, mas também a resolver os problemas actuais relacionados com a extração de recursos naturais e o desenvolvimento de relações sociais, ambientais e económicas nas regiões da Ucrânia.

Os estudos demonstraram que, numa economia moderna, nenhuma empresa pode esperar preservar as suas vantagens competitivas apenas com as suas próprias forças. As parcerias e alianças permitem combinar os recursos internos da empresa com os recursos provenientes do exterior. A criação de alianças de colaboração pode delinear os interesses de regiões específicas, bem como formalizar as relações entre as empresas. Existe um efeito de colaboração que resulta da interação dos seus participantes no processo de funcionamento das alianças de colaboração. Uma vez que o efeito de colaboração surge com base no fenómeno de sinergia, o efeito pode ser tanto positivo como negativo. Os cenários de variabilidade de eventos considerados permitiram-nos identificar tendências positivas e negativas na criação e funcionamento de alianças de colaboração na gestão ambiental.

Os cenários de eventos identificados podem ajudar a desenvolver os mecanismos anti-risco e as estratégias de implementação para criar e operar uma aliança de colaboração na gestão ambiental. A introdução de três opções para o desenvolvimento do acontecimento (otimista, pessimista e mais plausível) permite selecionar as opções que serão mais adequadas nas áreas específicas de extração de recursos naturais.

Referências

1. Do Terceiro Mundo ao Primeiro. História de Singapura: 1965-2000. Memórias de Lee Kuan Yew. Volume 2 / Traduzido do inglês por K. Sysoev. - K.: Editora de Oleksiy Kapusta - 2011. -684p.

2. Gryniv L. P. Novas funções e modelos de economia ecológica no sistema de formação da Constituição Ecológica da Terra. Constituição Ecológica da Terra. Princípios metodológicos / Editado pelo membro da Academia Nacional de Ciências da Ucrânia, Doutor em Economia, Professor Yu. Yu. Tunytsia. - Lviv: HDD YKNE ofUkraine, 2011. - P. 232-233.

3. Lei da Ucrânia n.º 1621-VII, de 31 de julho de 2014, "Sobre as alterações ao Código Fiscal da Ucrânia e a determinadas outras leis fiscais da Ucrânia"

4. Redes inter-firmas: Essência, Tipos, Vantagens [Recurso eletrónico]. - Modo de acesso: http://orekhovasv.ru/Is_PDF/CZC3.pdf.

5. Netudykhata K. L. Interfirm Networks and Innovations / K. L. Netudykhata, M. M. Pysarenko // State and Regions. Série: Economia e Empreendedorismo. - 2013. - No. 6(75).-P. 119-124.

6. Aparina N. F. Redes entre empresas: o problema dos contratos relativos [Recurso eletrónico] /N. F. Aparina. - Modo de acesso: http://management.edu.ru.

7. Etzkowitz H., Ranga M. A Triple Helix System for Knowledge - based Regional Development: From "Spheres" to "Spaces" [Recurso eletrónico]. Modo de acesso: http://www.triplehelixconference.Org/th/8/downloads/Theme-Paper.pdf

8. Kozlovskaya O.V., Akerman Ye.N. Caraterísticas da formação da concorrência inovadora nas condições de globalização // Série "Economia", 2010. No. 2(10).

9. Berzhanir A.L. A experiência internacional garante a interoperabilidade entre empresas e governos nos sistemas económicos. - 2015 [Recurso eletrónico]. Modo de acesso: http://dspace.udpu.org.ua:8080/jspui/bitstream/6789/3999/1/Vzaemod vlady i biznesu.pdf

10.A.Schottle, S Haghsheno, F. Gehbauer "Defining cooperation and collaboration in the contaxt of laen constraction" // Teaching Lean Construction, proceeding IGLC-22, Oslo, Norway, June 2014 , p. 1269 -1280.

11.Mattessich, P.W., e Monsey, B.R. (1992). Collaboration: What Makes it Work. Saint Paul, M.N.: Fundação Amherst H. Wilder

11.Mietzner D., Regereu G. Scenario Approaches - History, Differences, Advantages and Disadvantages us seminar: new technology foresight, forecasting & assessment methods-Seville 13- 14May2004

12.Kanter, R.M. (1994). "Collaborative Advantage: The Art of Alliances". Harvard Business Review, 72(4), 96-108.

13.Brenner T. Innovation networks: measurement, performance and regional dimensions / T. Brenner, U. Cantner, H. Graf // Industry & Innovation. - 2011. - No. 18 (1). - P. 15.

14.Nahapiet J. Social capital, intellectual capital, and the organizational advantage / J. Nahapiet, S. Ghoshal // Academy of Management Review. - 1998. - Vol. 23, No. 2. - P. 242266.

15.Granovetter M. A força dos laços fracos / M. Granovetter // American Journal of Sociology. - 1973.-No. 78.-P. 1360-1381.

16.Spender J. Making knowledge the basis of a dynamic theory of the firm / J. Spender // Strategic Management Journal. - 1996. - Vol. 17, Edição Especial de inverno. - P. 45-62.

17.Inshakov O. V. Collaboration as a form of knowledge - based economy organization / O. V. Inshakov // Economy of the region. - 2013. - No. 3. - P. 38-45.

Também estudámos vários tipos de cooperação e identificámos o conceito de "aliança colaborativa na gestão ambiental" no nosso documento

18.Ansoff I. Nova estratégia empresarial. - São Petersburgo: Editora Piter, 1999. - 416p

19.Ansoff I. Gestão estratégica. - M.: Ekonomika, 1989. - 519p.

20.Beloshapka V.A., Zgoriy G.V. Strategic Management: Princípios e práticas internacionais. - Livro de texto / Editado por V.A. Beloshapka. - Kiev: Absolut - V, 1998. - 352 p.

21.Vikhanskiy O.S. Strategic Management. - M.: Editora da Universidade Estatal de Moscovo, 1995. - 252 p.

22.Vikhanskiy O.S., Naumov A.I. Curso prático de "Gestão". - M.: Gardarika, 1998.

23.Gulati, Ranjay (1995a) "Does Familiarity Breed Trust? The Implications of Repeated Ties for Contractual Choices in Alliances", Academy ofManagement Journal, 38:85-112.

24.Gerasimchuk V.G. Diagnostics of the Enterprise Management System. - K.: Vyshcha Shkola, 1995. - 268 p.

25.Kogut, Bruce (1988) 'A Study of the Life Cycle of Joint Ventures', em F. J. Contractor e P. Lorange (Eds.) Cooperative Strategies in International Business,. Lexington Books, LexingtonMA. pp: 169-185.

26.Klishyna Yu.N. A utilização da análise de correspondência no tratamento de informação não numérica// Sociologia: 4M. 1991, 2. P. 105-118

27.Leenders, Roger Th. A. J. e Shaul M. Gabbay (eds.) (1999) Corporate Social Capital and Liability, Boston: Kluwer.

28.Higgins James M., Vincze Julian W. Strategic management and organizational policy: text and cases, - 1993. 445 p.

29.Ortina H. V., Conceitos Metodológicos para a Definição da Gestão Estratégica Empresarial. Modo de acesso: http://www.economy.nayka.com.ua/?op=1&z=197

30.O'Farrell, P. e Wood, A. (1999) 'Formation of Strategic Alliances in business Services: Towards a New Client-Oriented Conceptual Framework", The Service Industries Journal, 19(1): 133-151.

31.Mintzberg H. , 'Five Ps for strategy' *California Management Review,* outono de 1987.

32.Martynenko M.M. Management Fundamentals: - K.: Karavella, 2005. - 494 p.

33.Lei, D. (1993) 'Offensive and Defensive Use of Alliances', Long Range Planning, 26(4): 32-41.

34.Pearce John A, Robinson Richard Braden Strategic Management: Formulação, Implementação e Controlo. - 2011. - 992 p.

35.Park, Seung Ho e Gerardo R. Ungson (1997) "The Effect of National Culture, Organizational Complementarity, and Economic Motivation on Joint Venture Dissolution", Academy ofManagement Journal, 40:279-307.

36.Pennings, Johannes (1994) "Commentary: Recreating and Extending Buyer-Supplier Links Following International Expansion", Advances in Strategic Management, 10:73-79. 22 Reuer, Jeffrey J. (1997) 'The Dynamics and Effectiveness of International Joint Ventures', Paris: INSEAD Working Paper 97/108/SM.

37.Sim, A. B. e Yunus Ali (1998) 'Performance of International Joint Ventures from Developing and

Developed Countries: An Empirical Study in a Developing Country Context", Journal ofWorld Business, 33:357-377.

38.Steensma, H. Kevin e Marjorie A. Lyles (2000) 'Explaining IJV Survival in a Transitional Economy Through Social Exchange and Knowledge-Based Perspectives', Strategic Management Joumal, 21:831-851.

39.Yoshino, Michael Y. e U. Srinivasa Rangan (1995) Strategic Alliances: An Entrepreneurial Approach to Globalization, Cambridge, MA: Harvard University Press.

40.Decreto do Presidente da Ucrânia "Sobre a estratégia de desenvolvimento sustentável "Ucrânia-2020", de 12 de janeiro de 2015, n.º 5/2015

41.Coopetição [Recurso eletrónico]. Modo de acesso: http://www.ctv.es/ USERS/ romanz/coopet.htm

42.Polenske K.R. Competition, Collaboration and Cooperation: An Uneasy Triangle in Networks of Firms and Regions // Estudos Regionais. 2004. Vol. 38. No. 9. P. 1029-1043.

43.Akimova O.Ye. Essência, Formas e Peculiaridades da Abordagem de Cenários na Gestão Moderna. Especialidade 22.00.08 - Sociologia da Gestão. Resumo de uma Tese do Candidato de Ciências Sociológicas. Moscovo - 2006.

44.Sergeev R. Renda natural: experiência mundial e erros russos // Analytical Journal Russian Entrepreneur. 2002. No. 9. - P.10-11.

45.*As rendas* totais dos recursos *naturais* são a soma das *rendas do petróleo* [Recurso eletrónico]. - Modo de acesso: www.tradingeconomics.com/kazakhstan/total-n

46.Belonin M.D. Avaliação das existências do sistema de imposto sobre o aluguer na indústria petrolífera *II* Mineral Resources ofRussia: Economia e Gestão 2004. - No. 4. - P. 18-23.

47.Maluy I. Sobre a questão da teoria da posse da terra e o problema da reforma das relações fundiárias. *II* Economia da Ucrânia. - 2000. - No. 8. - P. 49-54.

48.Halynska Y.V. As principais questões relativas à inclusão da componente de aluguer na formação de rendimentos da natureza das empresas operacionais/ Y.V. Halynska / Revista Científica "Intelekt XXI", Kharkiv: Editora "Gelvetika", - Número 2, - 2017. - P. 288-294

49.Roggenkamp M. Petróleo e gás. Direito e prática dos Países Baixos // Chancery Law Publishing Ltd., 1991.

50.Kosow, Hannah: Métodos de análise do futuro e de cenários: visão geral, avaliação e critérios de seleção / Hannah Kosow; Robert Gaßner. Projeto de investigação DIE "Política de desenvolvimento: Questões para o futuro". - Bona: Dt. Inst, für Entwicklungspolitik, 2007 - (Estudos / Deutsches Institut für Entwicklungspolitik; 39), P. 133

51.Sobre as alterações ao Código Fiscal da Ucrânia e a determinadas leis da Ucrânia relativas à reforma fiscal: a Lei da Ucrânia n.º 71-VIII de 28 de dezembro de 2014.

52.Sobre as alterações ao Código Fiscal da Ucrânia e a determinados outros actos legislativos da Ucrânia (como temporário na subsecção 9 da secção XX do Código): a Lei da Ucrânia n.º 1621VII de 31 de julho de 2014.

53.Taxas de pagamento de rendas pela utilização do subsolo para a extração de recursos minerais (parágrafo 252,20 do Código Fiscal da Ucrânia) [Recurso eletrónico]. - Modo de acesso: https://dtkt.com.ua/show/0sid0237.html.

Printed by Books on Demand GmbH, Norderstedt / Germany